Ontologia

Coleção **PASSO-A-PASSO**

CIÊNCIAS SOCIAIS PASSO-A-PASSO
Direção: Celso Castro

FILOSOFIA PASSO-A-PASSO
Direção: Denis L. Rosenfield

PSICANÁLISE PASSO-A-PASSO
Direção: Marco Antonio Coutinho Jorge

Ver lista de títulos no final do volume

Susana de Castro

Ontologia

ZAHAR

Capa
Sérgio Campante

CIP-Brasil. Catalogação na fonte
Sindicato Nacional dos Editores de Livros, RJ

C35o Castro, Susana de, 1967-
Ontologia / Susana de Castro. — 1ª ed. — Rio de Janeiro: Zahar, 2008.
(Passo-a-passo; 83)

Inclui bibliografia
ISBN 978-85-378-0087-4

1. Ontologia. 2. Filosofia. I. Título. II. Série.

08-2413 CDD: 111
CDU: 111

EDITORA SCHWARCZ S.A.
Praça Floriano, 19, sala 3001 — Cinelândia
20031-050 — Rio de Janeiro — RJ
Telefone: (21) 3993-7510
www.companhiadasletras.com.br
www.blogdacompanhia.com.br
facebook.com/editorazahar
instagram.com/editorazahar
twitter.com/editorazahar

Esta obra foi composta por TopTextos Edições Gráficas em Minion e Frutiger e impressa em processo sob demanda pela Um Livro sobre papel offset para a Editora Schwarcz a partir de 2024

Sumário

Introdução

A palavra "ontologia" foi criada por R. Goclenius para o seu *Lexicon Philosophicum*, publicado em 1613. Ela é resultado da junção de dois termos gregos, *onta* (entes) e *logos* (teoria, discurso, palavra). Ao pé da letra, ontologia significa, portanto, teoria dos entes. "Ente" está aí representando todas as coisas sobre as quais se pode dizer que *são* — ou que a ontologia é a teoria do ser enquanto tal. A partir da obra de Christian Wolff, *Ontologia* (1730), esta passou a ser considerada parte da metafísica. A metafísica foi dividida em *metaphysica generalis* e *metaphysica specialis*. A ontologia passou a ser sinônimo de *metaphysica generalis*, tratando de analisar as características do ser *em geral*, enquanto a *metaphysica specialis* analisaria alguns seres em especial, como os seres celestes (cosmogonia) ou o ser divino (teologia). A rigor, há uma infinidade de seres sobre os quais podemos dizer que são, seres materiais e imateriais (como deuses e anjos ou os números matemáticos), seres reais e possíveis, seres individuais e eventos — a ontologia vai se perguntar pelas características básicas que tornam possível dizer que algo ou um estado de coisas, um evento, é.

O objetivo deste trabalho é apresentar a história da ontologia. Primeiro, considerando a perspectiva da evolução do conceito de substância; e, segundo, partindo da perspectiva da filosofia contemporânea, apresentar a nova ontologia das propriedades particulares abstratas (*tropes*) e a nova ontologia dos processos.

Falar em ontologia remete-nos diretamente a Aristóteles e sua lista das categorias, pois o estagirita foi o primeiro filósofo a propor um inventário dos elementos primordiais da realidade. Para Aristóteles, a realidade pode ser dividida, basicamente, em duas categorias de entes, (i) as substâncias individuais e (ii) as suas qualidades. E qualquer tentativa de descrever a realidade fará uso, necessariamente, destas categorias. A substância individual, entretanto, tem ascendência sobre as propriedades, pois possui existência *independente*, isto é, não é dita de nenhum outro ser. As propriedades das substâncias são chamadas negativamente de não-substâncias.

Essa ontologia substancial é a base de toda a ontologia que se segue na história da filosofia, seja ela desconstrutivista, como no caso dos filósofos modernos, com os quais a substância ganha novo fôlego, seja ela baseada no ataque da noção de substância, caso recente da ontologia das propriedades particulares abstratas (*tropes*), sugerida por Donald C. Williams, entre outros, e da ontologia dos processos, primeiramente elaborada por Alfred North Whitehead. A ontologia substancial é atualmente retomada pelo trabalho de Michael Loux, entre outros.

Mostrarei, na primeira parte deste trabalho, a história da ontologia de substância, dando especial atenção aos períodos antigo, medieval e moderno. À primeira vista, a relação da filosofia escolástica com a aristotélica não seria problemática, mas é preciso ver que a filosofia medieval não representa um mero apêndice do aristotelismo, senão que possui suas próprias características, seja através da teoria da matéria prima tomista, que é uma solução para o problema do substrato vazio aristotélico, seja através do nominalismo de W. von Ockham ou da doutrina do *haecceitas* de Duns Scotus.

Quando estudamos a filosofia moderna, verificamos quanto esta época e seus filósofos estão relacionados com a temática ontológica e a temática da substância. É certo que nenhum deles tomou explicitamente, como o faz Aristóteles, a noção de substância como uma noção central da sua metafísica — com exceção, talvez, de Espinoza, que logo no início da *Ética* define o que entende por substância, atributo e *modus* —, mas em cada um desses pensadores encontramos referência explícita à noção de substância, e esta tem papel fundamental na filosofia de cada um.

Em *The Concept of Substance in Seventeenth Century Metaphysics — Descartes, Spinoza, Leibniz* (1993), R.S. Woolhouse mostra quanto a noção de substância está presente na filosofia destes três filósofos. O que Woolhouse, entretanto, omite é que com a filosofia moderna se inicia, na verdade, a desconstrução do conceito aristotélico originário. Noções fundamentais para a ontologia de substância de

Aristóteles, como "substrato" e "substância individual", são colocadas dentro de um ambiente completamente novo, no qual, por um lado, tudo depende da relação entre causa eficiente (divina) e efeito (as criaturas); e, de outro lado, enquanto a preocupação aristotélica é garantir a "unidade" do ser individual composto de forma e matéria, a preocupação cartesiana é com a "segurança" que se possa ter com relação ao conhecimento que se tenha sobre a existência das coisas. Joshua Hoffman e Gary S. Rosenkranz, entretanto, mostram em *Substance — Its Nature and Existence* (1997), que, mesmo em ambiente distinto, a filosofia moderna manteve o critério aristotélico de independência da substância.

John Locke é capítulo à parte na história moderna da substância. Ao contrário de seus contemporâneos do continente, ele retoma, por um lado, a concepção aristotélica de que nossa alma é uma *tabula rasa* e que, portanto, todo o nosso conhecimento deriva da experiência (todos os racionalistas, ao contrário, partem da tese cartesiana de que possuímos idéias inatas), e, por outro lado, e o mais importante, defende a tese de que a substância particular é um substrato vazio. Insurgindo-se contra essa noção específica da substância como substrato vazio, encontramos uma série de filósofos da corrente dos tropos para os quais a existência de um substrato indeterminado não é empiricamente justificável, mas a existência de propriedades particulares abstratas, sim. Uma concorrente desta teoria é a chamada "Bundle Theory", teoria do agrupamento de qualidades *universais*.

Na seqüência, indicarei três momentos da história da filosofia: (i) as ontologias de substância, (ii) as ontologias de tropos e, finalmente, (iii) as ontologias de processos. Na primeira parte apresentarei, separadamente, a ontologia de substância de cada um dos filósofos citados, mas sempre almejando estabelecer a ponte entre aquilo que dizem e aquilo que Aristóteles disse sobre a noção de substância, procurando, desta forma, delinear aquilo que acrescentam e aquilo que mudam no conceito. Essa parte será a mais extensa, pois abrange um período largo da história da ontologia.

Na segunda parte, tratarei das demais ontologias, a dos tropos e a dos processos. Ontologias recentes, seus expoentes não são tão numerosos quanto os expoentes das ontologias de substância. Mostrarei também (iv) como o conceito de substância aristotélico ainda é retomado nos dias de hoje (apesar das críticas da ontologia dos tropos e da ontologia dos processos) por Michael Loux e a "kind theory" (teoria da forma específica).

Cada uma das teorias aqui relacionadas carrega consigo dificuldades que foram sendo apresentadas pelos intérpretes ao longo do tempo. Dado o caráter panorâmico deste livro, não abordarei essas críticas, mas me limitarei a apontar e a comentar o que cada autor tem a dizer sobre a ontologia.

Parto do pressuposto segundo o qual qualquer ontologia — seja ela substancial, de tropos ou processual — tem como características fundamentais o objetivo de determinar a constituição básica do mundo e o fornecimento, desta forma, de um inventário econômico dos entes mais primitivos, princípio chamado de "Ockham's Razor". Segundo W. von Ockham, a ontologia deve tratar de um mínimo de elementos e o que for excedente eliminar, "passar a gilete". Além disso, qualquer ontologia obedece ao critério da consistência (formulado pelo princípio de não-contradição, segundo o qual "nenhum ente pode ser e não ser ao mesmo tempo"). Em se tratando de um trabalho sobre as teses de três modelos distintos de ontologia, nosso critério é o da *coerência*, pois procurará mostrar de que modo cada um desses modelos está relacionado entre si e de que modo se distinguem uns dos outros.

Não é objetivo do presente esforço dar conta absoluta e universal de todas as principais contribuições à história da ontologia e suas diversas temáticas — proposição vasta e complexa. Suponho, porém, que abordando um número restrito de autores, a partir da perspectiva daqueles três modelos de ontologia, ganhará o trabalho em inteligibilidade e, talvez, em profundidade.

Dada a importância do princípio de individuação nas ontologias de substância, pareceram-me indispensáveis algumas considerações, como as que se seguem, em face de o tema não ser abordado aqui.

As ontologias de substância, segundo as quais os entes mais primitivos são os indivíduos, têm na sua arquitetônica, como subquestão comum, a determinação do princípio de individuação: que critério me permite distinguir um indivíduo do outro?

Em geral, existem três critérios formais para identificar um indivíduo: (a) a *reflexividade* (x = x), (b) a *simetria* (x = y, quando tudo que é dito de x também é dito de y) e (c) a *transitividade* (x = w, se x = y e y = w). O princípio de simetria tem sua origem em Leibniz. Para ele, o princípio de individuação deve ser simétrico, isto é, dois indivíduos são idênticos quando possuem *as mesmas qualidades* ("princípio de identidade do indiscernível"). O princípio de identidade do indiscernível de Leibniz será frontalmente atacado pela teoria dos tropos, pois, segundo esta ontologia, os entes mais primitivos são as propriedades particulares abstratas e nenhuma propriedade particular será jamais idêntica a outra: o vermelho de um pirulito de cereja jamais será idêntico ao vermelho de outro pirulito de cereja, mesmo que este seja da mesma marca e do mesmo lote de fabricação que o primeiro.

Do ponto de vista do conteúdo, temos outros princípios de individuação. Para Leibniz, cada substância tem uma essência individual, conhecida apenas por Deus. Para são Tomás o princípio de individuação é a matéria *signata* ("dois entes individuais são idênticos segundo a forma específica, mas distintos segundo a matéria de cada um"). Aristóteles usa no *Categorias* o critério formal da reflexividade através do princípio de *permanência* ("uma substância individual é aquilo que permanece *idêntica a si mesmo* apesar de receber em momentos distintos qualidades opostas"), mas o seu princípio de individuação é a essência.

Devido à forte influência da interpretação tomista de Aristóteles, comumente se toma a tese tomista da matéria como princípio de individuação, como se essa fosse aristotélica. Mas, para Aristóteles, o princípio de individuação dos entes é a forma específica, isto é, a sua essência. A espécie (forma específica) não é igual a uma propriedade qualquer, como ele deixa claro no *Categorias*, no capítulo 5, pois, enquanto as propriedades são dependentes e posteriores à substância individual, a espécie é anterior à substância individual, esta é uma *instanciação* da espécie à qual pertence. O fato de a espécie (biológica) ser uma forma irredutível, que não é composta por nenhum outro tipo de ente, faz com que sirva de modelo — seja para identificar um indivíduo (o que é Sócrates? Sócrates é um ser da espécie humana), seja para distinguir as substâncias entre si (Sócrates é um ser humano, mas este carvalho é uma árvore), seja para enumerar indivíduos numericamente distintos (vejo no mercado: um..., dois..., três homens).

As ontologias de substância

A teoria da substância no Categorias *e no livro Z da* Metafísica *de Aristóteles.* Antes de mais nada, convém esclarecer o termo correspondente à noção de substância, *ousia*. Particípio presente feminino do verbo grego "ser", *einai*, sua tradução mais correta seria literalmente "entidade", ou, de acordo com a idéia contida no termo, "ser primário". Trazido à modernidade pela via da escolástica, os filósofos consensualmente passaram a traduzi-lo simplesmente por "substância" (que, a rigor, é a tradução latina de outro termo grego, a saber, *hypostasis*) para referir (à categoria primeira) ao ser mais eminente. Boécio, tradutor para o latim do *Organon*, usa o termo "essência" para falar de *ousia*, mas são Tomás, o grande comentador latino de Aristóteles, usa exclusivamente o termo "substância".

Como veremos, a interpretação hylemórfica da *ousia* no livro Z da *Metafísica* prevê um outro tipo de critério, não mais o substrato, como no *Categorias*; sua tradução mais adequada, então, seria a de "ser primário". A característica do substrato é a independência, mas a forma, mesmo enquanto *prote ousia*, não existe independentemente da matéria, por isso, para não confundir os dois sentidos de (*prote*) *ousia*, no *Categorias* e na *Metafísica*, é conveniente chamar de "ser primário" o segundo sentido de *ousia*.

Apesar da interpretação da *ousia* como substância individual do *Categorias* ter sido a que vigorou na história da ontologia, uma análise do conceito de substância em Aristóteles sem a sua interpretação no livro Z da *Metafísica* fica incompleta, como veremos aqui. Na época moderna, Leibniz fará renascer a noção de "ser primário" como forma substancial — mesmo que sob o aspecto metafísico *revisionário* e não descritivo, como era a intenção originária de Aristóteles. É preciso, num segundo momento desta exposição, delinear este conceito em Z, nem que seja de modo esquemático e sucinto, evitando a série de dificuldades que o livro apresenta.

D.C. Williams, em seu artigo "The Elements of Being", distinguiu dois ramos da ontologia, a "ontologia analítica" e a "cosmologia especulativa". À primeira, caberia identificar os traços dos elementos primordiais da realidade atual e possível e, à segunda, caberia identificar esses próprios entes. Apropriando-me desta distinção, parece-me correto dizer que, tanto no *Categorias* quanto no livro Z, Aristóteles aborda a questão da ontologia analítica, a saber, quais são as marcas dos entes fundamentais em todos os mundos possíveis.

O livro *Categorias* traz pela primeira vez na história da filosofia um inventário dos entes básicos do mundo, aqueles que qualquer ser racional reconheceria como existentes. O critério usado por Aristóteles na escolha dos entes básicos é o chamado critério do substrato (*hypokeimenon*): tem *mais existência* aquilo de que tudo é dito, mas ele mesmo não é dito de nada nem se encontra em nada, pois "aquilo que é dito de algo ou se encontra em algo" não tem existência própria, ao contrário, necessita de um substrato para existir.

As substâncias individuais *naturais* são o ente primordial do inventário de coisas existentes no mundo. Além das *substâncias individuais*, existem mais três tipos de entes identificados segundo o critério acima referido de ser dito de um sujeito ou estar em um sujeito. Há (i) os seres que são ditos de um sujeito, mas que não estão em um sujeito, a saber, as *substâncias segundas*, os universais "gênero" e "espécie". Há (ii) os seres que estão em um sujeito, mas não são ditos de um sujeito, a saber, as *qualidades individuais*. E, por último, há também (iii) os seres que tanto são ditos de um sujeito quanto estão em um sujeito, a saber, as *qualidades universais*. Depreende-se desta enumeração que Aristóteles entende que a relação "ser dito de algo" implica uma definição, na qual um universal é dito de um particular ("Sócrates é um animal racional"), ou em uma exemplificação na qual um universal genérico é dito de outro universal contido nele ("azul é uma cor"), e que a relação "estar em um sujeito" representa um estado de inerência, isto é, a qualidade atribuída ao sujeito pertence a ele e a mais ninguém ("Sócrates tem um nariz achatado e o hábito de andar descalço").

Uma marca da ontologia aristotélica é o seu chamado "essencialismo", identificado pelo fato de creditar a certos universais — o gênero e a espécie natural — mais capacidade de determinar o que é o sujeito do que os outros universais, propriedades não-substanciais. Ela separa o gênero e a espécie da lista das categorias e identifica-os com o nome *sui generis* de "substância segunda" (*deutera ousia*) para salientar o papel importante que têm na identificação do sujeito. As categorias não-substanciais são aquelas ditas de um sujeito, e que podem ser ditas de vários sujeitos. Os exemplos das categorias não-substanciais genéricas são as categorias individuais. Aristóteles determina a existência de nove categorias além das substâncias primárias (e secundárias), sem que com isso queira determinar com exatidão o número de predicados possíveis, mas apenas aqueles que considera os básicos, ou mais evidentes: qualidade, quantidade, onde (lugar), estado, posse, quando (tempo), relação, atividade e passividade.

Apesar da omissão de Aristóteles respeitante à origem da sua escolha das categorias predicativas, é importante salientar a respeito dessas categorias não-substanciais que elas são os gêneros máximos sob os quais se encontram inúmeras espécies. Por exemplo, sob a categoria de qualidade podemos encontrar qualquer uma das qualidades sensíveis (cores, sons, cheiros etc.) e em cada uma destas qualidades, por outro lado, podemos identificar inúmeros outros tipos de universais (cor: verde, amarela, azul etc.). Aristóteles não deixou para a posteridade uma análise detalhada das categorias não-substanciais. A razão desta omissão deve-se, provavelmente, ao fato de não estar preocupado em fazer uma ontologia das propriedades, mas, sim, das substâncias. De qualquer forma, da leitura do *Categorias* fica clara a ausência de um critério que explique a razão pela qual uma categoria representa um grupo de entes distintos dos entes de outra categoria. Por que, por exemplo, a categoria "relação" é distinta da categoria "onde"? Tanto posso dizer que "relação" é relação de parentesco (por exemplo, "Xantipa é a esposa de Sócrates") quanto que é uma relação de lugar (por exemplo, "Platão está a 20 metros de casa"). Os limites entre as categorias são, portanto, arbitrários.

Além da característica de "independência frente a seus predicados", a substância individual possui uma outra característica marcante, que é de permanecer idêntica a si apesar de possuir, em momentos distintos, características opostas. Uma categoria não-substancial jamais poderá ser num dado momento algo e depois o seu oposto, como, por exemplo, num momento ser o estado "sólida" e depois o estado "líquida" — "sólido" e "líquido" dizem respeito sempre a um substrato ou substância individual, enquanto cada uma dessas características é idêntica somente a si mesma, não podendo jamais se transformar no seu contrário. Uma substância individual, ao contrário, pode estar num momento molhada e depois seca sem que a existência dos dois predicados opostos provoque qualquer alteração no seu ser.

Em primeiro lugar, temos, a identificação da substância individual com o predicado "numericamente um" e "idêntico a si mesmo" (gr. *tauto*). Não pode haver duas substâncias idênticas: Aristóteles, o filósofo de Estagira, e Aristóteles, o armador grego, possuem o mesmo nome, mas cada qual é idêntico apenas a si próprio e a mais ninguém. Aristóteles, o pai de Nicômaco, jamais será o mesmo Aristóteles, pai de Cristina Onassis. Não haverá jamais outro Aristóteles que nasça em Estagira e seja professor de Alexandre, o Grande (a não ser que acreditemos na existência de universos paralelos, isto é, que haja num ponto do imenso espaço uma outra Terra com seres idênticos aos que na nossa Terra existiram, existem e existirão). Nem a história se repete, nem podem as ações e relações entre os personagens da história serem reproduzidas por outros agentes. Uma outra característica do indivíduo é o fato de perdurar no tempo. Ele sofre modificações durante sua existência sem que a cada vez que receba uma nova característica tenha que deixar de ser idêntico a si mesmo e passar a ser outro ser qualquer. Aristóteles estabelece diferença entre "alteração intrínseca" e "alteração relacional". No primeiro caso, temos uma alteração dentro do próprio ser do ente individual e, no segundo caso, temos uma alteração mais fraca no âmbito das opiniões (hoje tenho a opinião de que o melhor para a economia do país são os juros bancários altos, mas amanhã posso ter outra opinião, sem que a alteração da minha opinião provoque algum transtorno na minha personalidade ou no meu ser).

Hoffman e Rosenkranz consideram que Aristóteles não alcança, nesta definição do segundo critério da substância individual, a neutralidade ontológica almejada, visto que, por exemplo, a superfície de uma bola, segundo eles algo da ordem da não-substância, pode sofrer alteração intrínseca tanto quanto qualquer substância individual, e isso faz com que este critério de substância seja *impuro*. Posso jogar a bola de borracha para o chão e cada vez que fizer isso a superfície da bola alterar-se-á e depois voltará a seu estado normal.

Considero que o contra-argumento desses dois autores é insuficiente para invalidar o segundo critério aristotélico da substância, uma vez que Aristóteles toma como exemplo de substância individual no *Categorias* apenas os seres naturais: este cavalo e Sócrates — no Z os objetos materiais serão ditos menos reais, pois suas partes não possuem unidade essencial, mas apenas integral; como veremos na análise do livro Z da *Metafísica*, a característica premente dos seres naturais é o fato de suas transformações essenciais serem objeto de uma causa final presente em cada um deles, desde o nascimento.

O maior problema da análise da substância do *Categorias* é, na verdade, o problema do substrato vazio. Se a substância individual deve sua supremacia ao fato de ser independente de suas propriedades, essenciais ou não, e por isso ser ontologicamente anterior a estas (sem substrato não há propriedades), a pergunta que se faz, então, é: como podemos apreender uma substância individual quando esta é desprovida de suas propriedades? A rigor, não podemos apreender essa substância na ordem da existência, mas apenas na ordem da razão, distinguindo sujeito e predicado, diz Descartes no *Princípios da filosofia*. Segundo M. Furth, Aristóteles teria percebido a cilada do substrato vazio quando escreveu o *Categorias*, e como solução desenvolveu a análise mais profunda do sujeito, análise hoje chamada de hylemórfica, porque parte do pressuposto segundo o qual o indivíduo não é uma unidade absoluta, mas, sim, um composto de duas unidades, forma e matéria. A fim de não desmembrar a estrutura coesa do livro *Categorias* — escrito para ser uma introdução às questões ontológicas —, Aristóteles teria evitado entrar na estrutura mais profunda do sujeito e permanecido na superfície de sua estrutura predicativa. Um indício, segundo Furth, de que esta concepção hylemórfica já estava presente no pensamento de Aristóteles, é a passagem do *Categorias* na qual Aristóteles afirma que tudo aquilo que é dito do sujeito individual também deve ser dito da sua espécie.

Para Furth, essa passagem representa um indício de que Aristóteles estava consciente do problema do substrato vazio, pois se aquilo que vale para a substância individual também vale para a sua espécie e gênero, então, desprovida de suas propriedades acidentais, a substância individual permaneceria identificável como membro de uma espécie. Para Loux, não é preciso recorrer à teoria da substância de Z para resolver o problema do substrato vazio, mas essa passagem citada do *Categorias* e todo o capítulo servem para justificar a tese segundo a qual para Aristóteles cada indivíduo é antes de mais nada um membro de sua espécie e esta informação essencial não pode ser equiparada às suas propriedades acidentais, pois, ao contrário destas, não pode ser abstraída da substância individual.

Uma vez estabelecidos os dois critérios da substância individual — o critério do substrato e o critério da permanência —, vejamos, de modo sucinto, como este quadro ontológico se modifica no livro Z.

No capítulo 3 do livro Z da *Metafísica*, Aristóteles introduz um novo componente na arquitetônica da investigação ontológica: a análise hylemórfica da substância individual — chamada simplesmente de *tode ti*, o que significa literalmente "este daquele tipo". Tal qual no *Categorias*, Aristóteles não busca determinar quais são as substâncias — uma lista do que a tradição indica como substância é dada apenas a título de introdução no capítulo 2: corpos naturais, partes dos corpos naturais, elementos simples e idéias (provavelmente, o seu candidato seriam os corpos naturais) —, mas qual seria o *ser primário* (*ousia*) dos entes individuais (*ousia hekastou*). Segundo este novo modo de formular a questão, o objetivo da busca é o ser primário das substâncias individuais.

As substâncias individuais são compostas de forma (*eidos*) e matéria (*hyle*), diz-nos Aristóteles. Se reintroduzíssemos neste ponto o critério do substrato, teríamos que indagar qual dos dois componentes do sujeito é o substrato de toda predicação. Aristóteles chega à conclusão de que o substrato da substância individual é a sua matéria (primeira), pois, se retirarmos da substância individual todas as suas propriedades, no final restará uma matéria indeterminada (abstrata), à qual deve ser predicada uma forma para que ela, então, possa ganhar sentido. Posto que a matéria é o substrato último de toda predicação, mas que por ser indeterminada não pode possuir as características de unidade numérica e identidade exigidas ao ser primário, o critério do substrato é insuficiente.

Aristóteles não usa em Z o termo "matéria prima", e são muito poucas as passagens na sua obra em que se refere à *prote hyle*, a matéria prima. Penso que, mesmo que Aristóteles não tivesse cunhado este termo, o que de fato fez, seu sistema metafísico certamente preveria a existência de uma matéria primária e, desta forma, é certamente justificado que são Tomás atribua a Aristóteles essa noção.

A razão de a existência deste termo ser necessária para o sistema aristotélico decorre do fato de que sendo forma e matéria termos complementares, não podendo um existir sem o outro, a prova da prioridade da forma depende, entretanto, da existência *abstrata* da matéria primária, pois, sendo esta completamente indeterminada, só podemos imaginar que a forma precisa ser dita dela, como é afirmado em Z 3.

São Tomás distingue de modo claro o que em Z 3 aparece confuso, a saber, a distinção entre o substrato puro e a matéria-substrato. São Tomás usa o termo sinônimo "sujeito" em vez de "substrato". A matéria é o substrato do vir-a-ser *substancial*; assim, por exemplo, o esperma e o fluido menstrual são a matéria do vir-a-ser de um mamífero. Por outro lado, o substrato em sentido estrito, o indivíduo, é o substrato do vir-a-ser *acidental*, dele pode-se afirmar ou negar acidentes; do indivíduo Sócrates podemos dizer em momentos distintos que ele está descalço ou calçado.

Aristóteles não introduz no livro Z outro critério que substitua o critério do substrato, mas mesmo assim exige do ser primário, a forma, aquilo que, na verdade, é característica das substâncias individuais, a unidade numérica e de identidade. A unidade numérica e a individualidade do substrato contradizem o fato de Aristóteles afirmar em Z que a substância primária é a forma, uma vez que a forma específica é universal. Isso é o que torna o texto de difícil compreensão, sobre o qual os intérpretes apresentam opiniões divergentes.

A forma (*eidos*) do composto é, para Aristóteles, o ser primário (*prote ousia*) da substância individual (*ousia synholon*). Ela é aquilo que do ponto de vista do discurso é responsável pela sua definição, ao dizer "o que o ente era" (*to ti en einai*) (Z 4-8 e Z 10-12), e, do ponto de vista da gênese, ela é a causa final, responsável pela reprodução e desenvolvimento do ente segundo as características da espécie a que pertence. Enquanto causa final, a forma recebe também o nome de *psyche* e *entelechia*. Para Aristóteles, havia no *Categorias* um isomorfismo entre a estrutura da fala e a estrutura do ente, e no Z ele vê um isomorfismo entre *a estrutura* ordenada da biologia e *a essência* dos entes naturais, isto é, aquilo que posso dizer de modo mais apropriado sobre um ente natural.

Assim como todas as diferenças específicas de uma espécie estão contidas nela (quando digo que Sócrates é um ser humano, implicitamente digo também que ele é bípede, que ele tem a capacidade do raciocínio, que ele não tem penas etc.; ou, segundo uma classificação mais moderna, que ele é mamífero, vertebrado e um primata), também todo o desenvolvimento de um ser humano na forma presente está contido nele ao nascer, de modo que, necessariamente, antes de ser adulto, será criança e depois adolescente; antes de aprender a andar, engatinhará, e assim por diante (Z 7-9).

Outra característica da forma é ser a causa da unidade do composto. A forma do ser vivo é o que nele é responsável pelo que, em todas as mudanças pelas quais passe, esteja sempre presente uma mesma unidade que faz dele um composto orgânico único (Z 17). A forma dos artefatos, ao contrário, encontra-se na mente do artesão, e o artefato só possui uma unidade *integral*, posto que suas partes não formam um todo intrinsecamente ligado.

Aristóteles, às vezes, descreve a forma como se ela fosse algo de absoluto, mas não é possível que um ente possua somente uma forma ou que todas as formas estejam no ente em grau igual. São Tomás esclarece o que em Aristóteles está apenas implícito, a saber, a hierarquia das formas.

Que todo gênero superior seja a forma da espécie anterior, e assim sucessivamente até chegarmos ao indivíduo, é certamente uma conseqüência do pensamento de Aristóteles. Mas em momento algum ele tornou essa hierarquia das formas tão clara quanto são Tomás: animal é a forma/gênero de ser humano, pois nela estão contidas em potência várias espécies animais, inclusive a do ser humano; por outro lado, substância é a forma/gênero de animal, pois nela estão contidas em potência tanto os seres substâncias essenciais (como os seres vivos), quanto os seres substâncias acidentais (como os artefatos). A hierarquia das formas do indivíduo humano é, portanto: "substância" > "seres vivos" > "animal" > "homem" > "Sócrates". Outro exemplo de hierarquia de forma é dado por são Tomás com relação a matéria (-formada): "substância" > "corpo" (isto é, "artefato") > "metal" > "chumbo" > "esta cópia do busto de Sócrates que está em cima da minha mesa". O gênero superior será sempre a forma da espécie inferior. A forma de Sócrates é a definição de homem, a forma de homem é a definição de animal, e assim por diante; e todas as formas dependem umas das outras — Sócrates não pode ser animal sem ser homem, animal não pode ser ser vivo sem ser substância.

A "via antiqua" e a "via moderna" na ontologia de substância medieval. A filosofia medieval é normalmente dividida em dois grandes grupos de filósofos, os da "via antiqua", como são Tomás de Aquino (1225-74) e Duns Scotus (1266-1308), e os da "via moderna", como Wilhelm von Ockham (c. 1285-1349) e outros. O que distingue os dois pode ser resumido de maneira simplificada como "realismo" *versus* "nominalismo". Enquanto o primeiro grupo se aproxima do princípio da arquitetônica da ontologia aristotélica, segundo o qual há um isomorfismo entre as categorias do ser e os entes (existentes), para o segundo grupo a realidade é constituída apenas por indivíduos, e os universais são apenas "nomes" sem função ontológica.

Partindo do pressuposto de que para estes filósofos da substância a distinção aristotélica entre substância individual e acidente essencial ou acidental é indiscutível e que, portanto, um predicamento não possui existência independente e não pode configurar-se como algo por si individual, vejamos qual é a solução que apresentam para o problema do substrato vazio.

Para são Tomás (em *Suma contra os gentios*, livro II), o problema do substrato vazio é solucionado quando introduzimos a noção de matéria prima. Para ele, forma e matéria são dois conceitos de relação. "Forma" significa a relação de "determinação" e "matéria", a relação de "ser determinado". Desta maneira, descendo a hierarquia de forma determinante da matéria a partir do grau máximo, indivíduo adulto, passaremos por diversas transformações espaço-temporais (essenciais e acidentais) da matéria e no nível mais baixo da hierarquia o que vamos encontrar, porém, não será um substrato vazio, algo da ordem do não-ser, mas, sim, a matéria prima, algo da ordem do ser, enquanto lugar de potencialidade, onde estão contidas de modo *possível* todas as formas essenciais e acidentais de determinação da matéria do ente escolhido.

Duns Scotus reaproxima-se da doutrina platônica da individualidade das idéias ao propor como solução para o problema do substrato a noção de *haecceitas*, isto é, "essência individual" (em *Opus Oxoniense*, d. 3, Questiones 4-6).

Assim, a essência de meu irmão Pedro não seria o ser homem, ou a humanidade, como o é para Aristóteles, mas, sim, a "pedridade". Esta essência individual é o momento mais primitivo, o substrato, da constituição da substância individual. Por isso ela é indefinível e tem seu significado apenas derivado da posição elementar que ocupa na constituição complexa da substância individual.

Wilhelm von Ockham, como foi dito anteriormente, acredita que a tese aristotélica a respeito do isomorfismo entre as categorias do ser e a realidade das coisas, o chamado realismo, é errada. Não há como separar do indivíduo suas qualidades e afirmar que o conceito desta qualidade existe por si; em outras palavras, quando afirmo uma qualidade de uma árvore e digo que ela possui quatro metros de altura, esta qualidade não possui representante em si quando separada da árvore. Não existe o ente "quatro metros de altura". O substrato jamais será vazio, mas terá sempre ligadas a si várias características individuais. Apenas na ordem da razão posso me referir a conceitos como "a altura de quatro metros" ou a relação "ser maior que" (quando digo "esta árvore é maior do que aquela") como se eles fossem algo da ordem dos gêneros "qualidade" e "relação". A distinção entre as categorias não é algo da ordem das coisas, mas, sim, da ordem dos conceitos. O princípio da ontologia de Ockham é que "ser significa ser diferente". Assim, apenas aquilo que é distinto do resto pode ter seu próprio ser. Nada do que é comum a muitos pode ser da ordem do ser, da existência. A árvore é a sua altura de quatro metros e não uma altura universal de quatro metros que pode ser afirmada também de outro ente.

A ontologia do substrato vazio. Uma conseqüência da teoria aristotélica da substância individual, primeira categoria do ser, como substrato de todas as suas propriedades, essenciais e acidentais, é, como vimos, a tese do substrato vazio. O que apreendemos da substância quando dela separamos todas as suas propriedades? Aparentemente, nada. Aristóteles, entretanto, em nenhum momento de sua obra metafísica considerou explicitamente esta conseqüência. Esse silêncio pode ser interpretado de duas formas: ou ele de fato não considerou a possibilidade dessa conseqüência, pois o indivíduo é antes de mais nada um membro da sua espécie (hipótese desenvolvida por Loux), ou, considerando-a, desenvolveu a teoria da estrutura hylemórfica da substância individual (hipótese desenvolvida por Furth, como vimos). O máximo, entretanto, que se pode dizer da teoria substancial aristotélica — sendo fiel ao que o filósofo escreveu, e não supondo o que ele teria pretendido dizer —, é que o critério da substância individual é o substrato e, por conseguinte, que a independência do substrato diante das propriedades essenciais e acidentais justifica a sua prioridade ontológica.

John Locke (1632-1704) é quem, de fato, leva a doutrina aristotélica às suas últimas conseqüências ao propor explicitamente a doutrina do substrato vazio como a característica mais primitiva das substâncias individuais. O *locus classicus* em que Locke defende sua posição está no capítulo 23 ("Of our complex ideas of substances") do segundo livro do seu tratado *An Essay Concerning Human Understanding.*

No primeiro parágrafo do capítulo, Locke mostra como chegou à noção de substrato. Mesmo que nossas idéias empíricas venham aos nossos sentidos em conjunto, partimos inadvertidamente do pressuposto de que pertencem a um só objeto e, unindo-as a um sujeito, damos um só nome ao que na verdade é um conjunto de várias idéias. A razão de nossa ação inadvertida é que não temos a capacidade de imaginar como essas idéias possam existir isoladas umas das outras. Temos o hábito de crer que elas subsistam em um substrato, a que damos o nome de substância. Mas se pararmos para refletir em que consiste esta "substância-substrato" não encontraremos resposta satisfatória.

Locke toma o sentido literal do termo latino "*substantia*" significando a expressão do seu significado. Derivado do verbo "subsistir", substância significa, literalmente, aquilo que subjaz. Este termo, para Locke, é o mais verdadeiro para denominar aquilo sobre o qual não sabemos falar, que foge à nossa capacidade de reflexão e que denominamos como uma criança que, ainda não tendo apreendido o nome de um determinado objeto, responde, quando indagada, que o objeto é, que ele é algo ("*something*"); ou como o indiano que quando indagado sobre o que sustenta o mundo, diz, o elefante, e quando indagado sobre o que sustenta o elefante, diz, a tartaruga, e quando indagado sobre o que sustenta a tartaruga desiste de tentar achar uma resposta precisa e responde: "alguma coisa que eu não sei o que é." A substância é, para Locke, este "substrato desconhecido".

Locke acredita alcançar o máximo de simplicidade sobre aquilo que se pode dizer com honestidade sobre o que seja uma substância. Uma vez que a noção de substância *particular* (originária da experiência e não da reflexão) é necessária, pois as diversas qualidades que meus sentidos me informam como formando uma só idéia necessitam para formar um todo de algo que *suporte* as diversas qualidades ao mesmo tempo, mas, como foge à minha capacidade conhecer este "algo" quando separo dele suas qualidades, devo restringir-me a chamá-lo de "coisa" ou de "algo que eu não sei o que é".

A desconstrução da noção de substância individual *na ontologia racionalista.* A filosofia moderna é marcada pela tríade racionalista formada por René Descartes (1596-1650), Bento de Espinoza (1632-77) e Gottfried Wilhelm von Leibniz (1646-1716). Cada qual é responsável, de maneira marcante, pela transformação do conceito de substância. Seja através do dualismo da substância — substância espiritual (*res cogitans*) e substância material (*res extensa*) —, como em Descartes; seja através do monismo da substância — só Deus é substância —, como em Espinoza; seja através da definição real da substância como *conceptus completus*, em Leibniz; o fato é que, a partir da ontologia moderna, a noção aristotélica de substância individual e substrato foi aos poucos sendo superada.

Com Descartes, começa a desconstrução do conceito de substância como substrato. Descartes mantém, por um lado, o critério aristotélico de independência, mas, por outro, inverte de maneira radical o sentido subordinado dos atributos das substâncias. É através dos atributos principais que chego à substância, e não o inverso. Não há, de fato, substância separada de seu atributo principal, algo como um substrato vazio, como afirma Locke. Só podemos abstrair *no pensamento* a substância de sua propriedade principal, mas *na realidade* só podemos perceber a substância quando nela percebermos uma de suas propriedades principais.

Assim como não podemos ter idéias claras e distintas das substâncias se separarmos delas seus atributos principais, da mesma forma não podemos perceber os diversos *modos* de uma substância sem primeiro termos apreendido seu atributo principal, posto que todos os *modos* de uma substância decorrem do atributo principal. Uma substância corporal tem *magnitude* e, assim, possui figura, movimento e divisibilidade (para Descartes, ao contrário de Gassendi, não existem matérias ínfimas indivisíveis como os átomos, pois a matéria pode ser dividida ao infinito). Uma substância espiritual tem *pensamento* e, assim, percepção, sensações, imaginação e vontade própria.

Descartes segue a ordem da dúvida até alcançar a compreensão certa de dois atributos principais e, daí decorrente, a compreensão certa de duas substâncias (material e pensante). Seguindo apenas nossa razão, chegamos, diz Descartes, a noções claras e distintas. Se abstrairmos dos objetos materiais as características sensoriais que lhe impomos (propriedades apenas da nossa percepção), descobriremos que a única coisa que podemos afirmar com clareza e distinção a respeito deles é que possuem extensão. As substâncias corporais extensas são completamente *distintas* das substâncias espirituais, cujo principal atributo é o pensamento.

Para Descartes, portanto, ao contrário de Aristóteles, não existe apenas *um* tipo de substância individual terrestre composto de corpo e alma, mas *dois* tipos de substâncias terrestres, a substância espiritual (= alma intelectiva) e a substância corporal.

O critério cartesiano para determinar o que deve ser uma substância é o mesmo usado por Aristóteles, a independência. Para Aristóteles, como vimos, a primeira categoria é chamada de *ousia*, ser em sentido preponderante, porque não depende de nada para existir, isto é, dela é dito tudo, mas ela mesma não é dita de nada, nem está em nada. "Ser dito de algo" e "estar em algo" configuram uma relação de dependência e, portanto, de *menos* ser. Em termos semelhantes a estes, mas sem o caráter predicativo-ontológico, Descartes define o critério de independência da substância. "Por 'substância' não podemos entender senão a coisa que existe de tal maneira que não precisa de nenhuma outra coisa para existir."

A rigor, diz Descartes, essa noção de independência só pode ser alcançada por Deus. Deus é, para Descartes, uma substância espiritual, perfeita e infinita. Só Deus não precisa do concurso de outro ser para existir. As criaturas, ao contrário, precisam do concurso de Deus para existir. Por esta razão, Descartes afirma que o termo "substância" não pode ser aplicado univocamente tanto ao Criador quanto às criaturas.

Criador e criaturas são chamados, na verdade, *equivocamente* de "substância", pois, enquanto Deus possui independência absoluta, as criaturas, corporais ou espirituais, possuem apenas independência relativa, já que dependem de Deus para existir. Por outro lado, criaturas espirituais e criaturas corporais são chamadas univocamente de substância, pois ambas dependem do concurso de Deus para existir.

Uma vez que o critério para identificar o que é real são as idéias claras e distintas e temos de modo inato idéias claras e distintas (i) dos atributos de Deus (mesmo que o nosso conhecimento seja limitado e, portanto, incapaz de atingir tudo o que está em Deus), (ii) de nós mesmos (temos consciência da existência de nós mesmos como substâncias pensantes), e, finalmente, uma vez compreendido que nossas sensações pertencem apenas ao nosso pensamento e não às coisas, temos idéias claras e distintas (iii) da existência de substâncias com magnitudes. Quando utilizamos o critério de idéias claras e distintas para identificar os objetos reais, eliminamos automaticamente todas as quimeras da imaginação, sejam elas sonhos ou fantasias.

Espinoza radicalizará ainda mais a distinção clássica entre substância individual e atributo. Rejeita a solução cartesiana de que substâncias criadas possam ser independentes de modo equívoco; as criaturas finitas são também chamadas apropriadamente de seres independentes. Considerando a afirmação de Descartes de que só a substância divina pode ser, de fato, completamente independente pois não foi criada por nenhum outro ser, então, para ser coerente com essa definição, teria de concluir que só existe uma substância, a substância divina. Para Espinoza, só Deus pode ser substância, e as criaturas dependentes de Deus são chamadas de *modi* dos atributos da substância divina. Que aquilo que para Aristóteles era chamado de substâncias individuais seja agora chamado de *modi* é certamente o máximo de inversão de ordem que se pode atingir numa ontologia de substância.

A ontologia de Espinoza está exposta na primeira parte da *Ética*, chamada "Sobre Deus". Nela, Espinoza expõe na terceira definição o que ele entende por substância. Por um lado, temos a definição da substância como sendo algo em si (*in se*). No *Categorias*, Aristóteles disse que as características individuais eram aquelas inerentes ao substrato ("*em* um sujeito"), isto é, aquelas que não podiam ser separadas dele. Seguindo este sentido, Espinoza inverte a situação e diz que a substância é aquilo que é *em* si; o "em si" não é mais uma relação do acidente individual que não pode ser separado do substrato, como na versão aristotélica, mas, sim, de uma substância em si. Ela é em si, pois só se relaciona consigo mesma, e não pode ter uma relação externa com nada, uma vez que numa relação externa ela seria apreendida através desta relação, ou seja, através de algo que não ela mesma. A substância deve ser apreendida através do seu próprio conceito, sem o acréscimo de nenhum outro conceito. Uma vez que a substância não pode relacionar-se com nenhum outro tipo de ser para não perder seu ser em si mesma e, assim, a pureza do seu conceito, a conclusão radical a que Espinoza chega é que só pode haver uma substância. Se houvesse mais de uma substância, elas necessariamente estabeleceriam relações umas com as outras, diferenciando-se uma das outras ou igualando-se umas com as outras.

As coisas individuais, aquilo que para Aristóteles era chamado de substância, são na concepção espinoziana modos dos atributos de Deus. As características dos *modi* são, portanto, exatamente opostas às da substância, pois estão num outro ser e são concebidas através de outro ser — aquilo que na ontologia espinoziana é um acidente, na ontologia cartesiana era chamado de substância, pois não dependia de nada. Os *modi* só podem estar em Deus e só podem ser concebidos como modificações dos atributos de Deus. Para Espinoza, tudo o que existe é Deus, os atributos de Deus e os *modi* destes atributos infinitos. Enquanto a substância é ativa (*natura naturans*), pois é em si e concebida a partir de si mesma, os *modi* são passivos (*natura naturata*).

Os *modi* não podem ser criados diretamente a partir dos atributos de Deus, pois esses atributos são eternos, necessários e infinitos, e a natureza dos *modi* é finita. Assim, é preciso que sejam modificações destes atributos, versões finitas e de existência determinada destes (prop. XXVIII).

Leibniz desconstrói ainda mais a noção aristotélica de substância individual ao afirmar que o corpo pertence à realidade fenomenal, e o que existe de mais real são as "mônadas" espirituais. Os intérpretes se dividem quanto à importância da filosofia aristotélica para Leibniz. Uns afirmam que na primeira fase da sua filosofia, quando escreveu *Discours de métaphysique*, Leibniz voltou-se para a teoria hylemorfística de Aristóteles para explicar a unidade de corpo e alma, e só em escritos posteriores é que teria negado a existência de corpos, e, desta forma, também negado o hylemorfismo. Outros afirmam, entretanto, que mesmo sendo essa uma obra de transição, nela encontramos traços da sua teoria da hierarquia das mônadas e da sua teoria do fenomenalismo dos corpos, e que, uma vez que a intenção originária da filosofia de Leibniz é a de ser sistemática, temos que procurar interpretá-la do modo mais coerente possível.

Seguirei a segunda interpretação, mas mostrarei igualmente a fase mais "comportada" (*Discours de métaphysique*) e a fase mais desconstrutivista da filosofia de Leibniz com respeito à teoria hylemórfica da substância individual de Aristóteles (correspondência com o filósofo e físico holandês Burcher de Volder de 1698 a 1706 e *Monadologia*) lado a lado.

Logo no início do *Discours de métaphysique*, Leibniz reproduz a definição aristotélica da substância individual como substrato de todos os seus predicados. Mas, em seguida, ressalva que essa definição é apenas nominal e não real. Segundo a definição real, o sujeito tem em si de modo virtual toda a predicação possível que diz respeito à sua natureza, seja ela atual, passada ou futura. Só assim é possível dizer com absoluta propriedade que todos os predicados estão contidos numa substância individual (*conceptus completus*). É claro que não há indivíduo no mundo que possa ter a capacidade de conhecer o seu *conceptus completus* ou o de outra substância individual. Apenas Deus conhece o *conceptus completus* de cada criatura que criou. Cada criatura possui na sua alma traços deixados por Deus de todos os acontecimentos de sua vida e, mais do que isso, de todos os acontecimentos do Universo.

Cada substância individual é um universo próprio, ou melhor, tem um modo específico de apreender a totalidade do Universo. Este fato é a razão de afirmarmos com propriedade, diz Leibniz, que as substâncias individuais são independentes, como disse Aristóteles (mas a partir de outro argumento). Para Aristóteles, as substâncias são independentes de seus predicados. Para Descartes, as substâncias espirituais são independentes das substâncias corporais, pois cada uma possui uma propriedade principal diferente da outra. Para Espinoza, somente Deus é substância, porque somente ele é completamente independente de tudo, não havendo em seu conceito a presença de outro ente relativo. Finalmente, para Leibniz, como vemos aqui, as substâncias individuais são independentes de tudo (menos de Deus), porque cada qual é um universo próprio, que apreende o mundo segundo uma perspectiva particular.

O fundamento da teoria leibniziana da substância está na sua teoria dos mundos possíveis. Deus criou o melhor dos mundos possíveis e cada substância individual segundo uma idéia individual, mas de tal modo que cada uma estivesse coadunada com a outra. Este "ajuste" da ordem das substâncias no tempo (de modo sucessivo) e no espaço (de modo consistente) implica que cada ação de uma esteja regulada pela ação de outra. Dito nestes termos, parece que uma substância pode afetar outra substância, mas esta não é a conclusão correta. Somente Deus tem o conceito completo de cada indivíduo e, enquanto criador das criaturas terrestres, só ele sabe de que modo elas, seguindo o padrão que ele escolheu, por ser a melhor de todas as formas de causalidade, afetarão umas às outras. Cada substância segue seu universo predeterminado sem ter noção do universo de outra substância.

No *Discours de métaphysique*, Leibniz critica o dualismo cartesiano, na medida em que mostra a necessidade de, como em Aristóteles, alma e corpo estarem ligados por uma substância formal.

Apesar de aqui Leibniz aparentemente defender a tese hylemorfística de que corpo e alma são unidos pela forma substancial e constituem uma unidade coesa, parece-me, porém, que ele só reconhece a "existência" de forma substancial no âmbito do fenômeno. Através do fenomenalismo, Leibniz afirma que os corpos seriam apenas a manifestação (ilusória) da realidade última, cujo fundamento são as mônadas. No *Discours de métaphysique*, não emprega o termo mônada, mas introduz a idéia central da teoria das mônadas, a saber, a dominância da (mônada) alma intelectiva sobre todo o resto.

O corpo só possui existência fenomenal, posto que não possui consciência de si, não podendo, assim, ser um existente completo e independente como a alma, dotada de entendimento (mônada espiritual). O corpo só possui "existência" graças à consciência individual que "espelha" indiretamente através das suas "percepções", que "espelham" os fenômenos objetivos imaginados por ela.

Atingimos agora a concepção mais madura da filosofia de Leibniz, a teoria das mônadas. Considerando, porém, o aspecto panorâmico deste trabalho, cujo objetivo é mostrar os três modelos de substância e seus principais expoentes, não aprofundarei a análise da filosofia madura de Leibniz, mas apenas exporei de maneira genérica como se constituem seus principais traços.

Logo no início da *Monadologia*, Leibniz diz o que entende por mônada. Uma mônada é uma substância simples sem partes. Aqui vemos aparecer, mais uma vez, o critério de independência, tão caro às ontologias de substância, mas desta vez sua justificativa não é a noção das substâncias individuais como universos fechados (*Discours de métaphysique*), e sim a substância como o que há de mais simples, o que não possui nenhum tipo de composição e parte. A existência de substâncias sem partes (e sem extensão e figura, portanto) é deduzida da existência de seu contrário, entidades compostas, os chamados agregados (§2). Apesar de não terem extensão e, portanto, não serem quantitativamente diferentes umas das outras, as mônadas são qualitativamente diferentes umas das outras, pois possuem percepções, as "representações de múltiplos em unidades" (§14). Em carta a De Volde (de 20 de junho de 1703), Leibniz explica como as substâncias simples, mônadas, formam agregados.

Nesta carta, Leibniz determina a existência de cinco graus ontológicos de realidade. O grau mais alto é o primeiro, o da mônada dominante (a *entelechia* originária, ou alma); nela as percepções são claras e distintas, e a mônada é ativa. Cada vez que à mônada originária vão se agregando outras mônadas, as percepções vão ficando menos claras e o resultado dessa agregação possui menos realidade do que a substância simples, a mônada originária. Assim, temos, em seguida, a matéria prima, força passiva originária, o segundo grau ontológico. Da junção da *entelechia* com a matéria prima temos o terceiro grau ontológico, a mônada completa. Até este terceiro grau, temos a realidade, a partir dele, entretanto, os graus quatro e cinco já representam níveis fenomenais que são apenas manifestações da realidade originária. Assim, o quarto nível é o da matéria segunda, isto é, a matéria sensível, como o corpo dos seres vivos, ou o mármore da estátua. E, por último, temos, no âmbito fenomênico, os seres vivos, fenômenos homogêneos, pois neles a matéria segunda, passiva, sensível, é dominada pela mônada intelectiva originária, ativa.

Temos aqui, expresso no monismo espiritual de Leibniz (a substância primeira é a mônada espiritual dominante, força ativa originária), a completa dissolução da teoria hylemórfica aristotélica. O esquema da forma, como lado ativo da unidade do composto orgânico, e da matéria, como o lado passivo, é dissolvido na concepção do composto orgânico como mero fenômeno, da matéria como um agregado de mônadas e da substância simples (ser primário) como não sendo mais a "forma", par complementar da matéria, mas a mônada atômica espiritual.

As novas ontologias

A ontologia dos tropos. Apesar de a existência de propriedades particulares abstratas ter sido reconhecida por Aristóteles (*Categorias*, cap. 2) e explicitamente abordada por W. von Ockham, entre vários outros filósofos, D.C. Williams (1899-1983) foi o primeiro a afirmar que toda uma ontologia poderia ser construída tendo a propriedade particular abstrata como a categoria fundamental. Os universais, as substâncias concretas e as outras categorias seriam apenas o resultado da reunião das propriedades particulares. Sua teoria é exposta de maneira sucinta e clara no artigo "The Elements of Being" (1953). Neste artigo, ele diz que ressignificou o termo "trope" empregado por G. Santayana na filosofia pela primeira vez. Para Williams, este termo representa propriedades particulares abstratas; para Santayana, entretanto, representava a essência de uma ocorrência — trope é ainda *terminus technicus* da retórica, representando nesta disciplina as figuras de linguagem.

Para entender o que quer dizer com propriedade particular abstrata, Williams sugere que se imagine a existência de três pirulitos, confeccionados a partir de três palitos idênticos: o pirulito número um teria a cabeça redonda, seria de cor vermelha e teria gosto de menta; o pirulito número dois teria a cabeça redonda, mas teria a cor marrom e sabor de chocolate; e o pirulito número três teria a cabeça quadrada, teria a cor vermelha e sabor de menta. Cada pirulito é parcialmente semelhante e parcialmente diferente um do outro. Segundo Williams, no ser "parcialmente idêntico" e "parcialmente diferente" está a origem das teorias de subsistência e inerência (como a teoria aristotélica da substância), e que destrinchando as relações de semelhança e diferença das propriedades dos três pirulitos encontraremos a anatomia de todas as coisas do mundo.

Com respeito ao que é parcialmente semelhante entre os três pirulitos ("parcialmente semelhante" significa que dois objetos não são completamente semelhantes, mas uma parte de um é completamente semelhante a uma parte do outro), pode-se dizer que os *palitos* deles são parcialmente semelhantes. Jamais, porém, será possível do ponto de vista físico que dois objetos, ou parte deles, sejam completamente iguais.

Mesmo considerando o princípio empírico de que dois objetos individuais jamais serão completamente idênticos, temos o hábito, por razões de economia lingüística, de chamar objetos semelhantes pelo mesmo nome. No nosso caso, por exemplo, todos os três objetos são chamados "pirulito". Williams propõe, entretanto, que deixemos o princípio de economia da linguagem por um momento de lado e batizemos cada um dos pirulitos com um nome. "Heraplem" para o pirulito n. 1, "Paraplete" para o seu pauzinho; "Bonapert" para o n. 2 e "Merrinel" para o seu pauzinho.

Williams segue seu artigo empregando o mesmo procedimento de batismo a cada uma das propriedades dos pirulitos, cor, sabor e formato da "cabeça" dos pirulitos. Seu ponto de partida é empírico. Dois pirulitos, Heraplem e Bonapert, não possuem o mesmo formato, cabeça redonda, da mesma forma que "dois irmãos têm o mesmo pai", mas sim no sentido de que "dois soldados vestem o mesmo uniforme".

A partir do cruzamento das semelhanças e dessemelhanças das propriedades particulares dos três pirulitos, Williams deduz uma série de conseqüências ontológicas. A primeira delas é que um objeto concreto é composto de partes mais evidentes e partes menos evidentes. No nosso caso, a parte "palito" é mais evidente do que a "sabor", "cor" e "formato". O fato de as últimas partes serem sutis, ou menos evidentes, não as faz menos verdadeiras do que as primeiras. Williams se apropria do vocabulário filosófico tradicional e denomina as partes mais evidentes de "concretas" (e nisso ele inclui tanto o palito quanto o próprio objeto, o pirulito) e as partes menos evidentes de "abstratas". Os termos "abstrato" e "concreto" não são empregados aqui no sentido tradicional de universal e particular, mas no sentido de simples e complexo. Quanto mais simples for a propriedade referida, mais abstrata ela será, e quanto mais composta forem as propriedades, mais concretas serão.

Considerando que o critério para determinar a prioridade ontológica de um elemento sobre o outro deva ser sua *simplicidade* (versão do critério aristotélico de *independência*), Williams conclui, então, que as propriedades particulares abstratas possuem prioridade ontológica sobre tudo o mais.

Williams chama essas propriedades particulares abstratas de tropos (*tropes*), como já vimos. O fato de elas serem chamadas de abstratas não significa de modo algum que sejam menos reais do que os objetos concretos; muito pelo contrário, o fato de serem as entidades mais simples que há, as faz mais "reais" do que os objetos concretos. Além das propriedades particulares abstratas, também é chamada de tropo uma propriedade particular abstrata associada a uma entidade concreta, por exemplo, "a postura de Napoleão".

Depois desta consideração ontológica sobre as entidades mais prioritárias, os tropos, Williams parte para determinar que tipos de relações podem haver entre os tropos. Afirma haver dois modos fundamentais em que dois tropos podem se conectar um com o outro: a partir do modo de *localização* e do modo de *similaridade*. O primeiro modo é uma relação externa. Dois tropos podem se conectar quando ocupam o mesmo espaço e o mesmo tempo. Eles pertencem, são inerentes ou caracterizam o mesmo objeto. A esse tipo especial de localização, diferente do que comumente associamos com o termo (inúmeras distâncias e direções), Williams dá o nome — seguindo Whitehead, Mill e Keynes — de "*concurrence*".

Com a determinação destes dois modos de conexão de dois tropos, Williams completa seu inventário ontológico. Recapitulando: os elementos mais simples são os tropos, entidades particulares abstratas ("alfabeto" do ser), em seguida temos o "silabário" do ser (os modos de relacionamento dos tropos), por localização e por similaridade. Dados estes elementos simples e estes dois modos de conexão, podemos deduzir deles todas as entidades restantes compostas.

Uma ontologia similar à ontologia dos tropos é a chamada "Bundle Theory" (teoria do agrupamento de qualidades universais). Mais antiga do que a ontologia dos tropos, esta ontologia começa a se delinear na filosofia de David Hume e terá representantes no século passado como Russel, A.J. Ayer, entre outros. A teoria do agrupamento de qualidades surge como reação à teoria do substrato vazio de Locke. Os defensores da ontologia do agrupamento de qualidades sustentam a tese de que não há a necessidade de um substrato para as qualidades e propriedades de um sujeito existirem, mas que os entes individuais são compostos por um grupo de qualidades universais. A maior crítica a essa teoria é a incapacidade de distinguir-se, a partir dela, entre dois entes numericamente distintos que tenham exatamente as mesmas propriedades.

A ontologia de processos. A ontologia de processo como tal é uma criação do século XX. Seu primeiro expoente foi Alfred North Whitehead (1861-1947), cuja principal obra é *Process and Reality. An Essay in Cosmology* (1929). Em contraposição à tese do neo-hegeliano F.H. Bradley, para quem a realidade seria uma unidade imutável por trás dos fenômenos, Whitehead afirma que a realidade possui um caráter processual.

Em seu livro introdutório à metafísica processual, *Process Metaphysics — An Introduction to Process Philosophy*, Nicholas Rescher mostra que mesmo sendo uma ontologia do século passado, traços da ontologia processual já se encontram nos primórdios da filosofia em Heráclito, Demócrito, Aristóteles, entre outros; na filosofia moderna, em Leibniz; e no idealismo, em Hegel. Marca da ontologia processual é a tese de que o mundo é dinâmico, disso decorrendo que processos são anteriores às substâncias.

O caráter principal da ontologia de processo é seu acento na primazia da atividade e na defesa da idéia de que para a compreensão do mundo precisamos de conceitos como tempo, mudança, inovação etc. A característica mais central da realidade é seu caráter processual e todos os fenômenos físicos são redutíveis a processos. Para o metafísico de processo, não há objetos acabados estáticos na natureza. Os objetos materiais, por exemplo, estão em constante estado de fluxo de movimento (dos átomos que os compõem). Os seres naturais estão, como Aristóteles mostrou, em constante movimento funcional de crescimento. Os movimentos dos seres vivos de crescimento e declínio são exemplo do significado de processo. Um processo não é uma série de estados temporais desconectados uns dos outros, mas sim uma série sistêmica de fases associadas umas com as outras e que possuem início, meio e fim. Assim, um ser humano passa por fases de crescimento desde sua infância até a sua maturidade, cada fase de crescimento equivale a uma etapa do processo, e cada etapa está interconectada com a outra, pois é impossível atingir uma etapa mais avançada sem ter passado pelas anteriores. Outro tipo de processo são os eventos. O suicídio de Getúlio Vargas foi um evento na história do Brasil, mas como tal faz parte de um processo mental pelo qual Getúlio Vargas passou nos momentos que antecederam sua decisão de se matar. Uma série de ações mentais interconectadas umas com as outras levaram-no àquela decisão. O assassinato de John F. Kennedy por Lee Oswald em Dallas, por outro lado, teve, do ponto de vista da história, uma série de momentos anteriores, que não são de caráter preponderantemente mentais, mas políticos e estratégicos. Esse evento também desencadeou uma série de outros momentos no futuro dos EUA, como a posse do vice-presidente etc.

Temos aqui, portanto, três tipos de processos: biológicos, mentais e históricos. O que há de comum entre eles é que seus agentes são secundários aos próprios processos. Antes de Getúlio Vargas, o que temos é o ato do suicídio, e os momentos anteriores e posteriores a este ato. É claro que o ontologista de processo não nega a existência de objetos e seres vivos, mas não afirma, como a ontologia substancial, que esses tipos de entes sejam os mais primordiais. Para os processualistas, antes de se ter objetos e seres vivos, temos processos, isto é, relações de movimento e mudança.

A ontologia de substância recuperada, o novo essencialismo. Michael Loux propõe em seus escritos uma retomada do essencialismo aristotélico. No nono capítulo de *Substance and Attribute — A Study in Ontology* (1978), intitulado "Towards a substance theory", e no terceiro capítulo de *Metaphysics — A Contemporary Introduction* (1998), ele expõe sua posição como uma solução intermediária entre a teoria do agrupamento de qualidades universais ("Bundle Theory") e a teoria do substrato vazio. O erro das duas ontologias, segundo Loux, é assumir como certa a tese reducionista segundo a qual as propriedades são todas universais e necessárias. A tese reducionista implica que nenhuma propriedade universal, seja ela essencial ou não, jamais pode ser considerada substância individual, visto que esta, ao contrário daquela, é contingente. Para Loux, a substância individual é, antes de mais nada, um membro de uma espécie natural, e este fato é irredutível, isto é, à qualidade "ser membro de uma espécie natural" não se acrescenta nenhum outro universal. A visão de Loux é holística. Ela implica a tese de que o princípio de individuação das substâncias individuais é dado pela qualidade essencial da espécie, tal qual Aristóteles havia afirmado no capítulo 5 do *Categorias*.

As espécies às quais os indivíduos naturais pertencem não podem ser explicadas por meio de um conjunto de propriedades universais — são, por isso, chamadas *irredutíveis*. Posso explicar a propriedade "ser brasileira" fazendo uso de uma série de outras qualidades universais, como, por exemplo, "falar o português do Brasil", "nascer num país da América do Sul" etc.; mas a qualidade "ser humano" não precisa ser descrita por nenhuma outra propriedade, ela basta por si só para ser entendida. Basta dizer cachorro, gerânio ou ser humano, para se saber identificá-los.

Cada particular concreto é a instanciação de uma espécie, e esse fato é essencial para que ele possa ser percebido como algo existente, e, desta forma, fundamental para que ele também possa ser percebido como algo distinto de outros membros da sua espécie (identidade numérica) e distinto de entes de outra espécie (identidade genérica).

Só posso realizar qualquer afirmação sobre um ente particular natural porque, em primeiro lugar, o reconheço como algo determinado, isto é, como um membro de uma classe biológica específica.

Leituras recomendadas

Aristóteles. *Metafísica*, Edição bilíngüe. Trad. Marcelo Perine. São Paulo, Edições Loyola, 2002.

______. *Categorias*. Porto, Porto Editora, 1995.

Berti, Enrico. *Aristóteles no século XX*. Trad. Dion Davi Macedo. São Paulo, Edições Loyola, 1997.

Castro, Susana de. "Substância em 'Categorias 2-5' e 'Metafísica Z'", *Ethica, Cadernos Acadêmicos*, vol. 9, n.1 e 2. Rio de Janeiro, Editora Gama Filho, 2002.

______. "O estatuto ontológico do conceito universal 'eidos' em Aristóteles", *Ágora filosófica*, ano 4, n.1. Recife, Universidade Católica de Pernambuco, 2004.

______. *A teoria aristotélica da substância*. Rio de Janeiro, Contraponto-PUC, 2008.

______. *Três formulações do objeto da metafísica*. Rio de Janeiro, Contraponto-PUC, 2008.

Laurence, Stephen e Cynthia Macdonald (orgs.). *Contemporary Readings in the Foundations of Metaphysics*. Oxford, Blackwell, 1998.

Loux, Michael (org.). *Metaphysics — Contemporary Readings*. Londres e Nova York, Routledge, 2001.

Reale, Giovanni. "Introdução a Aristóteles", in Aristóteles. *Metafísica*, vol.1. São Paulo, Edições Loyola, 2002.

Rodrigues, Fernando. "Os sentidos de ser, a relação *pros hen* e a estrutura semântica de proposição", *O que nos faz Pensar?*, Cadernos de Filosofia do Departamento de Filosofia da PUC, 11/1. Rio de Janeiro, PUC, 1997.

Sobre a autora

Susana de Castro é doutora em filosofia pela Universidade Ludwig-Maximillian, de Munique (Alemanha), professora de filosofia da educação do Departamento de Fundamentos da Educação da Faculdade de Educação da UFRJ e do Programa de Pós-Graduação em Filosofia da UFRJ. Suas principais linhas de pesquisa são ética contemporânea, filosofia da educação e filosofia antiga. Co-organizou o livro *A questão da verdade: da metafísica moderna ao pragmatismo* (7Letras, 2006). É autora dos livros *A teoria aristotélica da substância* (Contraponto, 2008) e *Três formulações do objeto da metafísica* (Contraponto, 2008).

Coleção **PASSO-A-PASSO**

Volumes recentes:

CIÊNCIAS SOCIAIS PASSO-A-PASSO

O negócio do social [40], Joana Angélica Barbosa Garcia

Origens da linguagem [41], Bruna Franchetto e Yonne Leite

Antropologia da criança [57], Clarice Cohn

Patrimônio histórico e cultural [66], Pedro Paulo Funari e Sandra de Cássia Araújo Pelegrini

Antropologia e imagem [68], Andréa Barbosa e Edgar T. da Cunha

Antropologia da política [79], Karina Kuschnir

Sociabilidade urbana [80], Heitor Frúgoli Jr.

Pesquisando em arquivos [82], Celso Castro

Cinema, televisão e história [86], Mônica Almeida Kornis

FILOSOFIA PASSO-A-PASSO

Estética [63], Kathrin H. Rosenfield

Filosofia da natureza [67], Márcia Gonçalves

Hume [69], Leonardo S. Porto

Hannah Arendt [73], Adriano Correia

Schelling [74], Leonardo Alves Vieira

Niilismo [77], Rossano Pecoraro

Kierkegaard [78], Jorge Miranda de Almeida e Alvaro L.M. Valls

Filosofia da biologia [81], Karla Chediak

Ontologia [83], Susana de Castro

John Stuart Mill & a liberdade [84], Mauro Cardoso Simões

Filosofia da história [88], Rossano Pecoraro

Teoria do conhecimento [91], Alberto Oliva

PSICANÁLISE PASSO-A-PASSO

Psicanálise com crianças [75], Teresinha Costa

Feminino/masculino [76], Maria Cristina Poli

Cinema, imagem e psicanálise [85], Tania Rivera

Trauma [87], Ana Maria Rudge

Édipo [89], Teresinha Costa

A psicose [90], Andréa M.C. Guerra

A angústia [92], Sonia Leite

Educação e psicanálise [93], Rinaldo Voltolini

Os outros em Lacan [94], Antonio Quinet

A paixão [95], Marcus André Vieira

Histeria: o caso Dora [96], Nadiá Paulo Ferreira e Marcus Alexandre Motta